Biblioteca Umoristica Mondadori

Raul Cremona
Marco Del Conte

E LA DONNA? FUMA FUMA!

Il libro di Omen

MONDADORI

Dello stesso autore
nella collezione Biblioteca Umoristica Mondadori
Giusto? Giusto!

Chiunque volesse dire la sua può farlo scrivendo a:
Omen@libero.it

http://www.mondadori.com/libri

ISBN 88-04-52056-6

I edizione aprile 2003

Indice

E la donna?
Fuma fuma!

Ai miei figli Giordano e Leonardo,
di dieci e sette anni,
che l'altro giorno mi hanno detto:
«Se ti manca la radio in macchina
perché non chiami la mamma?».

Nelle saghe dell'epopea presomatica si racconta che circa duemilacinquecento anni prima dell'avvento dell'egemonia esisteva un antro al cui interno si trovava uno specchio magico in grado di discernere se la persona riflessa diceva la verità o mentiva.

Di fronte alla verità, lo specchio avrebbe esaudito un desiderio; di fronte a una bugia, lo specchio avrebbe fatto sparire il mentitore.

Si narra che un grande cavaliere, trovato lo specchio, abbia detto: «Io penso di essere l'uomo più audace del mondo» e in un attimo, «puff!», sia svanito!

Venne il turno di un uomo santo che proclamò: «Penso di essere il più saggio di ogni epoca» e, «puff!», in un attimo scomparve pure lui.

Poi si presentò una donna bionda con la Smart e l'immancabile pacchetto di sigarette fra le mani. Umilmente si avvicinò allo specchio e mormorò: «Penso...», e subito dopo, «puff!», sparì per sempre!

Introduzione

L'impopolare popolarità portatami da *Giusto? Giusto!*, mia prima fatica letteraria, mi costringe a pubblicare E la donna? Fuma fuma!, seconda puntata della saga dedicata alla difesa dell'Omen dalla troppa egemomia del gentil sesso.

Dico impopolare perché, se da una parte può far piacere essere fermato dalla gente alla frase: «Omen!», oppure: «...e se qualche donna non è d'accordo», dall'altra ammetto che avrei preferito essere Richard Gere, o George Clooney, che comunque chissà quante spiegazioni devono dare a tutti i passanti che li fermano per strada... Ma, in fondo, è meno faticoso essere belli che intelligenti...

Nel tempo trascorso fra la prima edizione televisiva di Omen e quella odierna ho rafforzato il carattere del mio personaggio, che ottiene grandi risultati sia a teatro sia in tv, perché si racconta a un pubblico divertito dalla stupidità delle sue affermazioni, che poi sono quelle di un qualsiasi uomo da bar.

Il mio gioco è stato semplice. Ho pescato nel profondo pozzo di vaneggiamenti che sostengono la superiorità dell'uomo nei confronti della donna, motti di spirito che da Gino Bramieri in su (o in giù, dipende in quale direzione stiamo andando) non hanno mai cessato di stomacarci positivamente.

È naturale che Raul Cremona si dissoci completamente dalle basse insinuazioni di Omen, anche se egli stesso è il primo a constatare che, elegantemente abbigliato all'inizio dei suoi spettacoli, come richiede la prassi dell'illusionista, finisce nelle braghe di tela del guitto o del saltimbanco, e anche in tuta da lavoro, quella di Omen, naturalmente.

Questo è possibile solo perché il comico brilla di luce divina, ma alla fine deve fare i conti con la faccia oscura della sua natura, quella che si compiace dello sproloquio o del rumore molesto generato dalla propria «ventralità» (il mago Oronzo insegna), o di una vita piena di doppi sensi.

Qualcuno sostiene che è politicamente scorretto esprimersi in tal modo, e che qualsiasi insulto rivolto a una presunta minoranza, vedi quella della donna, dà la misura della nostra incapacità di elevarci.

Cosciente di questo, mi defilo perché qui comincerebbe una profonda indagine sul senso e sul perché del riso; il che è esattamente l'opposto del lavoro del comico.

E proprio per smentirmi, alla fine di questo libro ho raccolto una serie di battute contro le donne fatte dai miei compagni di «Zelig» e una serie di battute contro gli uomini fatte dalle mie compagne di «Zelig». Ma poiché le donne a «Zelig» sono in minoranza, alla fine chi la fa da campione è sempre l'Omen!

Giusto? Giusto!

Raul Cremona

Zelig, covo di Omen ovvero sette mi-mail in sette giorni

Ho scoperto che il luogo ideale per esporre il proprio pensiero è «Zelig». Quando ci vado trovo sempre qualche amico, parlo, mi rilasso, dimentico la somatizzazione... Certo, ogni tanto c'è qualche babbiona, o qualche donna gnè gnè, vedi la Markuzziker, e le altre donne parla parla, ma alla fine posso salire sul palco ed esporre la nostra condizione di Omen schiavizzati dalla mentalità gnè gnè, che opprime ogni uomo sposato come me.

È stato così, per gioco, che un giorno, di fronte a basiti interlocutori, uomini di diverse estrazioni sociali che hanno le loro ragioni contro l'avanzamento della troppa emancipipizzazione della donna moderna, fra il camerino e l'angolo dell'X-box, ho improvvisato le mie prime storiche mi-mail.

Poi, preso il coraggio e spinto dall'entusiasmo dei numerosi uomini presenti, sono salito sul palcoscenico, e lì, in quell'esatto momento, è nato l'Omen Member Center Group.

In ricordo di quei giorni voglio citare le più belle sfuriate contro l'universo gnè gnè:

Prima mi-mail di Omen ai discepoli

Un giorno Dio creò la terra e vide che era bella!

Poi creò la natura e vide che era bella!

Poi creò il regno animale e vide che era bello!

Poi creò la donna e disse: «Si truccherà!».

Giusto? Giusto!

L'Omen finalmente si sta ribellando su tutti i fronti, ha preso coscienza contro l'egemomia della donna la quale, da quando crede di avere un cervello, ha fatto somatizzare l'uomo un po' troppo.

Io dico: sapete quanto ci impiega a morire una donna se le spari alla testa?

Due... tre... quattro... ore... dipende dal tempo che ci mette la pallottola per trovare il cervello!

Supposta di saggezza

La donna è come la sardina: tolta la testa, è buona tutta!

Purtroppo le mie arringhe venivano sempre interrotte dalla telefonata di mia moglie che mi reclamava immediatamente: «Pronto? Ciao, tesoro, come? Hai rinnovato la tessera del Fitness

Center? 380 euro? No! È poco... Come? Quanto prendo di stipendio io? 620 euro al mese in busta... Sì, certo, cara, vorrà dire che farò dei sacrifici, sì magari rinuncio io a San Siro, tanto quest'anno l'Inter... Certo che sto arrivando, subito, faccio la spesa e corro a casa!».

Giusto? Giusto!

Seconda mi-mail di Omen ai discepoli

Questa mi-mail è indirizzata alla donna moderna che pulisce sempre, il cui marito è diventato campione di pattinaggio, nel senso che ormai le pattine le usa come un campione.

Io dico: se mi risposo, della donna voglio prima il manuale di istruzioni!

Per me ci sono due tipi di donna:

quella prima del matrimonio, e cioè la donna gnè gnè... tutta Radio Jey Jey, il balla balla e il fuma fuma!

E la donna dopo il matrimonio e cioè quella che lotta per il mondo pulito, per l'estinzione dell'acaro, per Mastro Lindo e per l'amico dell'igiene.

Alla prima dico: se una donna in un giorno qualsiasi, intorno alle 13,30, mentre attraversa la strada sulle strisce pedonali, viene investita da un pazzo ubriaco che, a bordo di una moto rubata, passa col rosso a folle velocità, di chi è la colpa? La colpa è sempre della donna... perché a quell'ora doveva essere a casa a lavare i piatti!!!

Alla seconda invece racconto quello che mi è successo l'altro giorno in libreria quando la commessa mi ha chiesto se volevo comprare l'ultimo libro di Luciana Gnegnè: *Come pensano le donne*.

Sai cosa le ho risposto?

«No, grazie, non mi piacciono i libri di fantascienza!»

La solita telefonata di mia moglie mi interruppe all'improvviso: «Pronto? Ciao cara, dimmi... Ah, stasera vai all'happy hour con le tue amiche? No, non ho niente in contrario... Sì, lo so cosa faccio io stasera: vado al torneo di briscola del dopolavoro, sai, quello che sono mesi che organizziamo giù in fabbrica, ricordi che te ne ho parlato, sono capitano della squadra... Come? Ah, la tua non era una domanda... Tu sai già cosa faccio io stasera e cioè devo stare con tua madre, ho capito... La vado a prendere alla scuola di ballo del centro anziani e poi la porto... A casa... Ah, no, la porto alla sala Bingo che ci tiene tanto, sì... Certo... No, io al torneo di briscola non ci tengo, no... Sono solo tre mesi che organizzo, cosa vuoi che me ne importi?... Allora corro a prendere tua madre e la porto alla sala Bingo, così dà i numeri anche lì...».

Giusto? Giusto!

Terza mi-mail di Omen ai discepoli pronunciata a "Zelig cabaret" davanti all'angolo X-box reparto videogame

Urlai all'improvviso: «Signori e signori!».

«...e le signore?» mi chiese incredulo Pasquale, il gestore del locale.

«S'ignorano!» gli risposi io.

Giusto? Giusto!

Partendo dal concetto che la donna a ventinove anni è vecchia e che dopo i trenta è da rottamare, io dico che le donne bisognerebbe poterle comperare con il leasing! E quando sarebbe la fine del leasing? Ma semplice, no? Appena comincia il lifting! Ma chi mai ritirerebbe mia moglie?

Già mi vedo il concessionario: «Mi dispiace, signor Omen, ma un simile usato noi non lo ritiriamo!».

La donna vive per il fitness, per il suo corpo, ma purtroppo molte volte va di corpo un po' poco.

L'altro giorno in palestra ne ho vista una molto grassa con l'inseparabile cagnolino, sai quei cagnolini piccoli piccoli che quando fanno il loro bisognino producono delle focacce grosse così? Smaltisse lei quello che smaltisce il suo cane!

La babbiona aveva in mano una bottiglietta di Pipperade, hai presente quelle bevande gnè gnè al gusto Ace, che è il nome di un prodotto che una volta serviva per sbiancare i fazzoletti? Prova a domandarle a cosa le serve il Pipperade! Sai cosa ti risponde? «Serve per recuperare i liquidi...» Ma pensa a smaltire i solidi, che è meglio!

Supposta di saggezza

Secondo la Bibbia la donna è l'ultima cosa che Dio ha creato. Deve averlo fatto di sabato sera. Si sente la fatica.

La telefonata di mia moglie non si fece attendere: «Pronto, sì, certo cara, vengo a casa subito... Come? La settimana scorsa ti hanno rubato la mia carta di credito? No, cara, non ti preoccupare, ci vediamo tra poco...».

N.B. La notizia del furto della mia carta di credito non mi aveva sconvolto. Ne ero già al corrente, ma non avevo fatto la denuncia perché mi ero accorto che il ladro spendeva meno di mia moglie!
Giusto? Giusto!

Quarta mi-mail di Omen ai discepoli

Io dico a te, donna moderna: ma non ti rendi conto che sei ridicola? Ma non vedi che alla tua età non puoi pensare sempre e solo al tuo corpo?

Ma non vedi che hai le tette così basse che:
a) sembrano le orecchie di un cocker!
b) se compri il reggiseno non deve fare pendant con le giarrettiere ma con le ginocchiere!
c) ogni sera, quando ti svesti, fai il bungee jumping!

Ma donna moderna che fai il peeling, il piercing, il lifting, il tattooing, che prendi la macchina in leasing per fare il free parking, che sei stressata per il troppo speaking, i troppi briefing che ti rendono overbooking, che nei weekend fai lo snorkeling, il running, lo spinning, il surfing e l'acqua gymning, io dico: sai cosa ti riesce meglio?
Lo smoking smoking!
Il fuma fuma!

Driiiin, driiiin!!! Risposi al telefono, era come sempre mia moglie che mi reclamava a casa: «Ciao, tesoro, come? Hai comprato *Asereje,* il disco delle Las Ketchup? Vengo a casa subito! Non vedo l'ora di ascoltarlo!». Era il periodo in cui quel disco andava molto di moda. Una canzone che faceva solo «Ulule-alele» per quattro minuti. Mi aveva fatto venire due balle… Altroché somatizzare! Mi era venuta l'ernia… La famosa ernia del disco!
Giusto? Giusto!

Quinta mi-mail di Omen ai discepoli

Ho ricevuto una mi-mail da un uomo somatizzato e ve la voglio leggere affinché anche voi Omen capiate il pericolo che ogni giorno corriamo.

Caro Omen, sono un tuo fan, ti vedo sempre a «Zelig» e chi meglio di me può capirti dal momento che vivo in casa con:

a) tre figlie che sentono Radio Jey Jey dal mattino alla sera, fanno il fuma fuma, lo spalma spalma e il balla balla, insomma tre ragazze veramente super! Sì... Diminutivo di superficiali!

b) quella donna gnè gnè al cento per cento di mia moglie, che ormai attorno agli occhi non ha più le zampe di gallina ma ha direttamente tutto il pollaio e ultimamente, dopo aver letto un libro sull'arte del risparmio, mi ha obbligato a smettere di andare al bar il mercoledì sera e alla partita la domenica.

c) mia suocera, quella babbiona, che il mese scorso quando l'hanno operata di vene varicose l'hanno dovuta addormentare due volte: la prima per l'operazione, la seconda per farle smettere di raccontarla...

Ciao Omen, non mollare mai nella tua lotta contro l'egemomia della donna.

Un abbraccio da un uomo molto somatizzato.

P.S. Voglio essere sepolto in mare perché mia suocera ha giurato di ballare sulla mia tomba!

Questa è la lettera di un uomo somatizzato di primo grado e cioè all'ultimo stadio.

Io dico no all'egemomia!

L'uomo non deve cedere di un solo millimetro alla donna!

Supposta di saggezza

Io dico che l'uomo deve cedere il posto alla donna, ma solo se si tratta della sedia elettrica!

Tanto per cambiare mi telefonò mia moglie: «Ciao cara, sto arrivando a casa... Come? È finito lo zucchero? Certo, vado a prenderlo io nel negozietto sotto casa... Come hai detto? Devo andare a prenderlo al Supermercatone? Ma è lontano sette chilometri e oggi sono senza macchina... È dal meccanico, non ti ricordi che mancava l'olio? Non gliel'avevi messo... No, niente di grave... Ha solo fuso... Ah, devo andare al Supermercatone perché ci danno i punti fragola... Ah, certo... Se è così... E con soli trecentomila punti ci danno tre tazzine che piacciono tanto a tua madre... Pensa... E quanti punti abbiamo? Ah, già venti? Però! Come? Devo comprarti anche gli assorbenti con le ali? Volo!».

Giusto? Giusto!

Sesta mi-mail di Omen ai discepoli

Sapete qual è la dieta che deve fare un uomo se vuole perdere settanta chili in un'ora?

Divorziare!

Si può considerare la donna un essere intelligente se passa tutto il giorno in palestra a fare lo stepping, lo spinning, il latino-americano e *tanti alter cagad*?

Io dico: donne, mettetevi tutte orecchio contro orecchio, così facciamo la galleria del vento!

Io dico a te, donna che vai negli istituti di bellezza, che ti metti la maschera di fango per migliorare l'aspetto estetico! Ma allora perché poi te la togli?

Supposta di saggezza

Sapete che cosa hanno in comune le donne e i delfini?

In entrambi i casi si sospetta che si tratti di esseri intelligenti, ma nessuno è ancora riuscito a dimostrarlo!

Omen, Omen, uomini! Mi rivolgo a voi, che dopo vent'anni di matrimonio avete la donna così fuori forma che le viene il fiatone anche quando gioca a dama!

Cosa succede a una donna se ingoia un insetto?

Che avrà più cervello nello stomaco che nella testa!

La donna vuole diventare manager, vuole comandare, vuole gestire il potere, vuole un futuro, rifiuta il passato! Io dico che il futuro della donna è nel passato! Nel passato di verdura, però!

E poi le donne dicono che gli uomini sono baccaglioni, che le inseguono senza volersi fidanzare… E allora? Perché i cani che inseguono le auto vogliono forse guidarle?

A questo punto qualcuno si chiederà: ma esiste la coppia sposata felice?

Io dico: sì!!!

Qual è il modello?

La moglie di uno col marito dell'altra!

Perché la donna deve sempre stare tre passi dietro all'uomo!!!

Lo Stelvio, il Frejus e il Gran San Bernardo!

Giusto? Giusto!

Supposta di saggezza

La donna deve stare nella stanza dei bottoni… Ma con ago e filo però!!!

Giusto? Giusto!

Il mio telefono squillò: «Ah, sei tu, tesoro? Come? Devo venire a casa subito che stasera si cena prima perché c'è una puntata doppia di *Un posto al sole*? Certo, corro a casa!… Come? Prima devo passare in edicola e prendere "Sorrisi e Canzoni" che c'è il calendario di Ridge di *Beautiful*?… Corro in edicola allora…».

Riattaccai ma non riuscii a trattenermi dal fare una considerazione a voce alta: «Certo che con il calendario di Ridge sarà un altro bell'anno di merda!».

Giusto? Giusto!

Settima mi-mail di Omen ai discepoli

L'uomo non è Tarzan, ma la donna *Cita*!
Giusto? Giusto!

Avete visto che traffico fuori?
E sapete di chi è la colpa?
Delle donne che cercano parcheggio!

Ma io dico: donna che compri l'auto, ma comprala già parcheggiata così fai a meno di inquinare l'ambiente per trovare parcheggio! Che tanto la macchina ti serve solamente per farla vedere alla tue amiche: la Clio, la Smart, la Lupo! Poi un bel cappuccino e via! Di corsa al bar a fare il pucia pucia!

Supposta di saggezza

Sapete che differenza c'è tra la donna e lo specchio? Lo specchio riflette senza parlare, la donna parla senza riflettere!

Ma io dico: donna di una certa età che vai al centro estetico a fare la sauna, ma non lo sai che la sauna ce l'hai anche a casa? Il buon vecchio ferro da stiro!!! Più stiri, più esce vapore e più fai la sauna!

Con Piero Quark siamo giunti alla conclusione che la donna moderna non lava più i pavimenti, ma in compenso ti lucida le carte di credito che è una meraviglia!

Supposta di saggezza

Sapete che differenza passa tra una zecca bovina e la donna? Una è una bestia che si attacca alla pelle, succhia il sangue e dà prurito e fastidio, l'altra è un parassita delle mucche…

Ma io mi chiedo perché la donna moderna bada alla perfezione, tutto deve fare pendant, e poi manda l'Omen in giro con una calza gialla e una rossa, che più che un uomo sembra la missione Arcobaleno?

Un uomo vestito così sembra l'albero di Natale due volte: la prima per come è conciato e la seconda perché, come ogni uomo sposato, le palle ce le ha solo come decorazione.

Fu allora che mi squillò il telefono: «Ah, sei tu, cara? Come? Hai pagato il conto al salone di bellezza? Cosa? Ah, erano tre mesi che non pagavi il conto… Sì che me l'avevi detto che c'eri andata, ma… No, è che pensavo che avessi trovato chiuso… No, niente, parlavo fra me e me… E quanto hai pagato? Ahhh!!! 400 euro… Solo? Cosa vuoi che siano, sì… No, io di stipendio prendo sempre 620 euro al mese in busta, come ti ho già detto a pagina 17… No, non ti preoccupare, casomai faremo dei sacrifici… Sì, li farò io, sull'abbigliamento magari… sì… Tanto di abiti me ne hai già comperati tantissimi in questi ultimi tempi… Sì, lo so che ti piace tenermi bene… Vestirmi sportivo… Come no! Sembro un tifoso della Roma… Ti lascio perché stanno arrivando gli ultrà dell'Inter!».

Giusto? Giusto!

L'omen Member Center Group e la sua missione

Come già nel precedente libro di Omen, anche in questo io e Piero Quark abbiamo deciso di pubblicare alcune tra le mi-mail più significative giunteci alla redazione di «Omen Focus», il mensile edito dall'OMCG diretto dall'esimio e di cui io sono caporedattore.

È un giornale che si pone come obiettivo principale quello di liberare il mondo dall'egemomia della donna, obiettivo che si potrà dire raggiunto solo quando si vedranno andare a zonzo per le strade uomini sorridenti con la «Gazzetta dello Sport» infilata nella tasca della giacca.

Solo allora, quando la donna sarà ormai un triste e lontano ricordo, l'OMCG potrà sciogliersi. Ma, ahimè!, questi tempi sembrano ancora lontani.

Ultimamente infatti, contro ogni aspettativa, sembra esserci stata un'inversione di tendenza e noi di «Omen Focus» abbiamo notato un aumento, seppur ancora lieve, del numero dei poveri diavoli somatizzati.

Un luogo per vederne molti insieme è il centro commerciale, di sabato o nei giorni che precedono le festività. Uomini completamente sottomessi, carichi come somari, con giganteschi pacchi della lavanderia sottobraccio, trascinanti borse della spesa enormi e pesantissime, con a fianco una donna insofferente e irosa, sempre imbestialita per motivi giudicati da lei importantissimi, tipo il fatto di non aver trovato il districante per i capelli della solita marca o l'ultimo numero di «Donna gnè gnè», quello con il servizio fotografico sul George Clooney di turno.

E vedi aggirarsi per i parcheggi questi uomini senza più speranza, somatizzati due volte, e per via della somatosi da donna babbiona e per via del fatto di essere carichi come bestie da soma.

Ciliegina sulla torta sono in genere i bambini, mai inferiori al numero di due, insofferenti e capricciosi, che sfogano sui loro poveri padri la rabbia derivante dal fatto che la madre gli ha comprato solo settantacinque, ottanta pacchetti delle figurine dei Pokémon.

Sono uomini di questo genere che vanno aiutati, tipi ormai rassegnati, che si aggirano nei parcheggi sotterranei alla ricerca della carwagon, acquistata per decisione della moglie ma pagata col sudore del marito in un numero di rate superiore a quello dei pacchetti di figurine sventolanti tra le mani dei teneri pargoli.

È a questa categoria di uomini babbionizzati che gli uomini liberi, quelli con la «Gazzetta dello Sport» in una tasca e la tessera dell'OMCG nell'altra, devono portare tutto il loro aiuto, convincendoli che uscire dal tunnel delle streghe (leggi: moglie e suocera) si può.

La donna e il "parla parla"

Piero Quark e io, dopo lunghi e approfonditissimi ragionamenti svoltisi prevalentemente attorno al tavolo da biliardo del bar Cannon d'oro di Pozzuolo Martesana, siamo giunti alla conclusione che l'incomunicabilità della donna è dovuta al fatto che ella, come dice sempre mia moglie, è cent'anni avanti all'uomo e che, come dico io, se non è al posto che le compete è solo perché se salisse sulla macchina del tempo non saprebbe poi come parcheggiarla. E non potrebbe nemmeno cavarsela con la scusa tipica: «Non ho tempo», in quanto trovandosi sulla macchina del tempo...

Conclusione: la donna è sempre troppo avanti, e forse è anche per questo che quando è in colonna ti tampona facilmente.

Ma se la donna è sempre così avanti, allora perché torna sempre indietro a rompere le palle al marito?... Mah... Questo, con Piero Quark, lo studieremo la prossima volta che giocheremo a carambola insieme...

Comunque la donna ha sempre questo bisogno innato di parlare. E parla parla, parla parla! Vuole avere l'ultima parola anche con l'eco!

Inoltre, più invecchia e più parla. Sono arrivato al punto di preferire il latino a mia suocera. Perché? Ma perché il latino è una lingua morta!

È indubbio che i moderni mezzi di comunicazione servono. Senza il cellulare come avrebbe fatto ad avvertire il marito quella donna che salendo in auto nel parcheggio del centro commerciale s'è accorta che le avevano rubato il volante, la leva del cambio, quella del freno a mano, l'intero cruscotto e tutti e tre i pedali? Se non avesse avuto il telefonino probabilmente sarebbe ancora lì a disperarsi sul sedile posteriore...

L'ultimo stadio della somatosi, ovvero il matrimonio

Con Piero Quark siamo giunti alla conclusione che le donne sono come le tigri: belle da vedere ma se ci tieni alla tua vita non portartele mai a casa.

Invece molti uomini non lo sanno e si sposano. Promettono alla donna che le resteranno sempre accanto, senza capire che difficile da mantenere non è la promessa in se stessa ma la donna!

E poi lo sanno tutti che il matrimonio è una malattia. E precisamente una malattia che paralizza l'uomo dalla vita in giù.

Quello che non capirò mai è perché la legge

punisce gli uomini che si appartano cinque minuti con una donna, mentre non prevede nulla contro quelli che se le tengono per tutta la vita.

A questo proposito, Piero Quark ha elaborato la seguente battuta: «Sai che differenza passa tra un uomo che si apparta con una donna e un altro che se la tiene in casa per tutta la vita? Il primo rischia sei mesi di prigione, l'altro invece si prende l'ergastolo...».

A volte qualcuno riesce anche a divorziare pagando cappellate di soldi sotto forma di alimenti: in questo caso si dice che l'Omen è libero... su cauzione!

I primi tempi di fidanzamento la donna ripete in continuazione all'uomo: «Mi manchi...».

Dopo un paio d'anni: «Mi manchi tu e mi manca una casa...».

Dopo il matrimonio: «Mi manca l'auto, mi manca il telefono, mi manca un frigorifero nuovo, mi manca la pelliccia...».

Da tutto ciò deriva che il desiderio di una donna è esponenziale.

L'uomo solitamente si sposa perché lo decidono gli altri: la donna, la suocera, i parenti. Lo fa dietro consiglio-suggerimento più o meno pressante, indotto spesso dal luogo comune che altrimenti è una persona poco seria, che corre dietro alle donne senza avere intenzione di fidanzarsi. Fatto sta che sposarsi resta sempre il modo più caro per farsi stirare le camicie.

Già, l'uomo spesso si sposa perché crede di non riuscire a farcela a tenere in ordine un'esistenza da solo e va quindi alla ricerca di qualcuna che si occupi di lui senza sapere che la vita scorre più tranquilla in una casa con un milione di acari che in un'altra linda ma con una donna!

Uomini, se non sapete stirare le camicie, non cercatevi una donna! O imparate a stirarvele da soli o mettetevi la «dolcevita»: vedrete che la vita vi sembrerà più dolce! Si chiama «dolcevita» perché l'ha inventata un Omen libero.

In conclusione posso tranquillamente dire che il matrimonio con una donna somatizzante è come una gamba con le caviglie grosse: finisce male!

Babbione spaziali

La donna ripete in continuazione all'uomo che ha bisogno di spazio. Ma mandiamola in orbita, dico io!

Io e Piero Quark abbiamo analizzato il perché solo l'uomo finora è andato sulla Luna e siamo giunti a una duplice conclusione:

1. l'uomo è andato sulla Luna per allontanarsi dalla donna!

2. la donna non è ancora andata sulla Luna perché vive già su un altro pianeta e non le serve di certo salire a bordo di un'astronave per fare cose dell'altro mondo!

Ma la donna ci andrà mai sulla Luna? Onestamente non lo so, ma se ci andrà in auto sono sicuro che parcheggerà in seconda fila anche lì!

Le disgrazie non vengono mai sole, ovvero: la suocera!

La suocera: chi non ne ha mai sentito parlare? Chi non conosce qualcuno rovinato da lei?

La suocera è quella vecchia babbiona, madre della moglie di un povero predestinato, che sembra uscita da un film del terrore, *La moglie che visse due volte*, in quanto, essendo già stata sposata, conosce tutti i trucchi e le malizie utili per **somatizzare** un uomo. Così aiuta la figlia ad accelerare il processo di **somatizzazione** del genero.

La bestia peggiore è la suocera vedova, che, avendo già terminato il ciclo di **egemomizzazione**, spende tutte le sue energie babbionizzanti sul genero. Il pover'uomo, attaccato su due fronti, non può che soccombere, fino a cadere in uno stato totale e incondizionato di sottomissione. C'è chi arriva al punto di proporsi come accompagnatore per andare a fare la spesa il sabato pomeriggio al grande mercatone Spendipok o per andare a vedere le vetrine in centro, il cosiddetto «struscio».

N.B. Il termine «struscio» deriva da un fenomeno reale accaduto. Dopo ottanta vetrine viste insieme alla donna nello stesso pomeriggio per una decina di volte, alcuni Omen hanno cominciato a camminare a gambe molto larghe.

Tutto ciò era dovuto allo strusciamento dei loro maroni sul marciapiede, maroni le cui dimensioni si erano centuplicate per via di una somatosi fulminante, rispetto alla quale la peggiore delle orchiti poteva sembrare un banale brufolo.

Piero Quark, affrontando la tematica della suocera, una sera, uscendo dalla pizzeria Denise e Terenzio di Cusano Milanino dove aveva mangiato un calzone ripieno di castoro e zuppa inglese che gli aveva provocato un fastidioso bruciore di stomaco, mi spiegò che anche l'avvento della suocera sulla Terra ha avuto una sua utilità.

A molti può sembrare impossibile, ma lo studio della suocera è servito a salvare migliaia di vite umane dall'attacco degli squali. Se ci si immerge in una zona di mare infestata da questi terribili predatori, l'unico modo per poter sopravvivere è mettersi in testa una parrucca di capelli bianchi, grigi o di quell'azzurrino tipo vecchia babbiona ultimo stadio, indossare un cappottino con il collo di pelo e avere una borsetta sottobraccio.

Come vostra suocera, in pratica. Mi chiedete

perché? Ma perché gli squali non attaccano mai i loro simili!

P.S. Non capirò mai perché la legge vieti la bigamia. Che pena potrà mai essere peggiore di avere due suocere?

Grande promozione!

I nuovi iscritti all'OMCG riceveranno un simpatico regalo:

Telecomando dell'omen vero

Il fatto igienico (L'accoppiamento dell'omen)

È risaputo, e lo dice anche Piero Quark, che l'accoppiamento è un fatto istintivo, ma purtroppo dopo dieci anni di matrimonio viene più istintivo «l'accoppamento».

L'Omen ha bisogno del contatto, anche se in poco tempo diventa come E.T., e cioè gli incontri ravvicinati sono solo del terzo tipo, una volta ogni eclissi.

Cari amici dell'Omen Member Center Group, sto parlando del famoso fatto igienico.

Così come Claudio Bisio sta insieme alla Michelle Markuzziker per un fatto igienico, anch'io sto con mia moglie perché anche l'Omen ogni tanto ha bisogno di uno sfoghino.

Però, e tutti gli Omen somatizzati lo sanno, il tentativo di fatto igienico fallisce spesso per colpa della donna moderna.

Durante l'ultimo mese avrei voluto fare l'amore con mia moglie almeno trenta volte (e pensate che era il mese di febbraio...). E invece sono riuscito a farlo solo una volta: sapete il perché?

- otto volte era troppo stanca
- sei volte ha fatto finta di essere addormentata
- quattro volte aveva mal di testa
- una volta aveva paura di svegliare i bambini
- una volta era il periodo sbagliato del mese
- una volta doveva alzarsi presto
- una volta non era dell'umore giusto
- una volta stava guardando il «Costanzo Show»
- una volta non voleva rovinare la pettinatura appena fatta
- una volta aveva paura che ci sentissero i vicini
- una volta ce l'aveva con me Omen perché aveva saputo che il marito di una sua amica la tradiva
- una volta aveva paura che ci sentisse sua madre (che abita due isolati più in là)

La sola volta che sono riuscito a compiere il fatto igienico non mi è piaciuto perché mi ha ordinato di fare alla svelta. Inoltre, alla fine, ho dovuto svegliarla per dirle che avevo terminato.

http://www.cita e basta!

La donna ha sempre ispirato nell'uomo grandi momenti di riflessione. Sono quei momenti incredibili in cui con voce aggraziata lei gli grida:

- Lo sai che il calcio non mi piace!
- Metti le pattine!
- Chiudi il frigorifero!
- È questa l'ora di arrivare?
- Spegni il televisore!
- Non ruttare!
- Sei un maiale!
- Vedi che non capisci niente?
- Quest'anno cosa facciamo? Andiamo in vacanza nello stesso posto?
- Tua mamma è meglio che non venga!
- Prendili tu i bambini!
- Vai a fare la spesa!
- Tu stasera coi bambini vai a mangiare a casa di mia mamma!

L'Omen per il quieto vivere lascia correre, ma la sua mente si popola di riflessioni che si trasformano in somatizzazioni che diventano imprecazioni, è l'inizio della fine dell'egemomia!

Ne riporto alcune che mi arrivano fresche dal sito http://www.cita e basta!

Fra il satellitare e mia moglie è meglio il satellitare, perché fra un gira a destra e un gira a sinistra non mi racconta la storia di mia suocera.

Con il nuovo taglio di capelli non sembri più una vecchia: sembri un vecchio!

Tesoro, lo sai che se ti fanno una lastra al cervello ci trovano il cartello «Torno subito»?

Se il tuo cane sta abbaiando alla porta sul retro e tua moglie sta strillando alla porta anteriore sai chi devi fare entrare per primo? Il cane ovviamente... Lui, appena entrato, sta zitto!

Come si chiama una donna che ha perso il novanta per cento della sua intelligenza? Vedova!

Ho fatto pubblicare un annuncio sul giornale, «Cerco moglie», e il giorno dopo ho trovato nella casella postale centinaia di lettere che riportano tutte la stessa frase: «Vuole la mia?».

Perché una donna esulta quando riesce a risolvere un rompicapo in sei mesi? Perché sulla scatola c'era scritto: «Da due a tre anni».

Omen Master Class
(Un corso per tutte le donne. Iscriviti, ce la puoi fare!)

Il corso «Omen Master Class» è rivolto a tutte le donne ed è istituito dall'Omen Member Center Group.

Scopo del master è quello di far conoscere alle donne la loro vera missione in questo mondo, che altro non è che vivere al servizio dell'uomo.

Durante il corso sarà garantita la presenza dell'illustre Piero Quark, o di un assistente uomo.

La durata varia a seconda del tipo di donna:

Babbiona stagionata: due mesi.
Babbiona rampante: sei mesi.
Donna gnè gnè: minimo tre anni.

Alla fine del corso verrà consegnato un diploma a tutte le donne, purché riconoscano le seguenti condizioni:

1. la donna è indispensabile all'uomo come lo shampoo lo è a Claudio Bisio;

2. l'habitat naturale della donna è la cucina.

Il corso di Piero Quark, articolato nell'arco di quattro sessioni, svilupperà le seguenti tematiche:

La donna e la casa
La donna e la guida
La vita di coppia
Aprire gli occhi sulla realtà.

Verranno svolti esercizi di teoria e pratica, e dinamiche di gruppo.

LA DONNA E LA CASA

Il forno a microonde non è un nemico. Imparare a usarlo correttamente si può. La vera lavapiatti sei tu.

Il telefono

L'uso del telefono: quando riagganciare? (Dinamica di gruppo: quattro donne e quattro apparecchi. Esercizi rieducativi: salutare un'amica in meno di dieci minuti è possibile.)

Il corso verterà in particolare sulla *prima legge di Omen*: la bolletta del telefono esiste e il suo costo è direttamente proporzionale alle ore di parla parla. A ogni cento scatti telefonici fatti dalla moglie corrisponde uno scatto d'ira del marito alla lettura della bolletta.

Impara a utilizzare il tuo portafoglio

Analisi della *seconda legge di Omen*: il portafoglio ogni tanto si può anche tenere chiuso. Non corre il rischio di ammuffire.

Lo shopping in meno di quattro ore

Analisi della *terza legge di Omen*: lo stipendio del marito può durare anche più di una settimana. La busta paga non è un pozzo senza fondo.

Fissazione di limiti: l'uso del trucco

Analisi della *quarta legge di Omen*: dire che la donna si truccava già al tempo degli etruschi non giustifica che la donna lo faccia ancora oggi dopo duemila anni. Smettere di sporcarsi la faccia con poltiglie inutili e costose si può.

La metamorfosi della donna mediante il trucco

Da *La famiglia Addams* a *Beautiful*.
(foto e filmati)

LA DONNA E LA GUIDA

Durata, a seconda del soggetto, dai due mesi all'infinito.

La macchina: questo grande mistero. Cosa fare quando si sale in macchina?

Rieducazione al parcheggio

Studio della *quinta legge di Omen*: quando un'auto va a sbattere contro il marciapiede, la colpa non è mai del marciapiede stesso. La donna, non avendo due piedi destri, non deve mai pigiare freno e acceleratore contemporaneamente.

Cambiare la marcia: guida completa e definitiva.

(Babbione oltre i quarant'anni: solo macchine con cambio automatico.)

La sinistra e la destra, e tutto su come chiedere informazioni.

Giochi di colori: differenze principali tra semaforo e albero di Natale. Le frecce non servono per addobbare l'auto.

Geometria descrittiva avanzata

La donna parcheggia la macchina nel box. Analisi della breve ma essenziale *sesta legge di Omen*: il box non si muove.

La cassetta degli attrezzi: un mondo inesplorato.

Primo esercizio di sopravvivenza

In quale parte della macchina si trova il cric?

Secondo esercizio di sopravvivenza

Come cambiare una ruota?

Studio della *settima legge di Omen*: per cambiare una ruota non bisogna comperare una vocale, però se sei un tipo alla Miriana Trevisan trovi sempre qualcuno che si offre di cambiarla al posto tuo.

Terzo esercizio di sopravvivenza

Olio e acqua, i nostri compagni di viaggio.

Ottava legge di Omen: il quadro elettrico non è un dipinto a olio.

LA VITA DI COPPIA

Giorno di shopping, differenza tra centro commerciale e luna park.

Nona legge di Omen: la carta di credito del marito è come la sua pazienza: ha un limite.

Il corso si conclude con un training finale di rimozione somatizzante, che tende, come dice Piero Quark, a responsabilizzare la donna e ad aiutarla a meglio comprendere la realtà. Si intitola:

APRIRE GLI OCCHI SULLA REALTÀ

Prevede i seguenti argomenti:

Moglie e suocera: le disgrazie non vengono mai sole

Destrezza nella guida mentre:
a) ti stai truccando
b) ti stai dipingendo le unghie
c) parli con il cellulare
d) litighi con i bambini durante il tragitto verso l'appuntamento con tua madre
e) cerchi di sintonizzarti su Radio Jey Jey
f) fai il fuma fuma
g) fai le corna agli automobilisti che sono passati col verde e ti hanno evitato per miracolo.

Eliminare il vizio delle telenovelas si può: il primo passo verso il processo di disintossicazione del cervello

Capire una volta per tutte che gli argomenti delle telenovelas sono situazioni inventate che nascono, e vivono, nell'immaginazione di una donna.

Decima legge di Omen: tra la vita reale e la telenovela c'è un po' di differenza. Non esiste telecomando che faccia le faccende domestiche al posto tuo.

Cosa succede al tuo corpo? La donna e la legge di gravità

Undicesima legge di Omen: gli specchi di casa tua non sono quelli del luna park. Non ti ingrassano, fanno vedere solo quello che sei. Accetta te stessa: gli specchi non mentono mai.

Richiedete subito il modulo d'iscrizione, il numero dei partecipanti è limitato.

P.S. A proposito, se c'è qualche donna che non è d'accordo, consigliamo di iscriversi subito al corso speciale «Casi urgenti».

Contro la legge di gravità

Nella sagra del balla balla, la donna moderna trova anche il tempo per fare la sua orettina di fitness, e fra una ballata e l'altra anche una bella fumatina.

È la saga della lotta contro la legge di gravità. Donne moderne alla ricerca dell'eterna giovinezza, pronte a tutto pur di apparire giovani, anche quando la pelle assomiglia più a una cartina stradale, le rughe intorno al collo disegnano solchi così grandi che la fanno assomigliare all'omino Michelin, e la pancia sempre scoperta, che nelle giovani è tanto sexy, nelle babbione è solo motivo di colite.

Gli occhi, più che le borse hanno le valigie, le stesse che vorrebbe fare il marito già da diversi anni.

Ma la lotta più dura la donna la combatte contro il seno cascante. A questo proposito viene spontaneo domandarsi: donna moderna, cosa vai in palestra a fare, quando hai le tette così basse che:

- devi fare il riporto, così ti metti il reggiseno di dietro!
- sembrano dei tentacoli: la *Piovra 2*!
- sono lunghe come le braccia: sembri la dea Kalì!
- se non stai attenta inciampi!
- se ti sposi non hai bisogno dello strascico!
- se fai la danza del ventre rischi di decollare!
- se metti una cravatta sparisce!
- le puoi usare come una sciarpa!
- quando cammini lasci il solco!
- se salti ti fai gli occhi neri!

Il cervello della donna non è piccolo... è gonfio!

Mi sono accorto dell'intelligenza di un'amica di mia moglie che non riusciva a completare un puzzle, a dir suo complicatissimo, quando ho scoperto che non era la scatola del puzzle, ma una confezione di corn-flakes.

«Ti giuro, caro, che Giovanna è una ragazza intelligente!» E secondo te le donne intelligenti si vestono così? Dal collo in su sembra un quadro di Miró; scarpa di coccodrillo cotonato, gonna modello «se mi siedo su una seggiola dove ci sono cento lire posso dirti se è testa o croce»; camicetta tipo «volevo vedere quello che c'era dentro, ma va bene così, tanto viene fuori da solo».

Secondo te, cosa vuol farti capire la donna vestita così? Che è laureata in filosofia?

Se sei laureata, rispondi a questa domanda: sai perché, se il cervello avesse un costo, quello della donna costerebbe di più di quello dell'uomo?

Perché quello della donna è più raro!

Un giorno finirà questa sofferenza e andremo tutti in paradiso, ma anche là ricordatevi sempre di chiedere qual è la percentuale delle donne: se supera il trenta per cento, quello non è il paradiso, quello è l'inferno!

Piero Quark ha detto che la vita su Marte non c'è. Io aggiungo che non c'è neanche nel cervello delle donne!!!
Giusto? Giusto!

Sapete cosa fa un neurone nel cervello di una donna?
L'eco!

Cosa fa una donna che fissa un foglio di carta bianca?
Legge i suoi diritti!

Come si può sapere quando una donna sta per dire qualcosa di interessante?
Semplice: se inizia la frase così: «Una volta un uomo mi ha detto...».

In cosa si assomigliano un atomo e una donna intelligente?
Nel fatto che nessuno li ha mai visti.

Quando la prima donna metterà piede sulla Luna?
Quando ci sarà bisogno di pulirla...

Di che morte muoiono le cellule cerebrali di tua moglie?
Di solitudine!

Se vuoi distogliere l'attenzione di tua moglie, scrivi su un foglio di carta da ambo i lati: «Girare prego», poi vai al bar con gli amici, non ti cercherà per almeno un paio d'ore...

Il cervello della donna (Scusate l'esagerazione)

Nel cervello della donna (scusate l'esagerazione) non c'è spazio per la verità, ma solo per balle oceaniche che illudono gli uomini più somatizzati.

L'uomo spesso si innamora della donna per redimerla, mentre lei lo ripaga con la carta della bugia, arma che le è congeniale. Qui sotto sono elencate alcune delle «panzane» più comuni che solo un chiaroveggente potrebbe tradurre in verità.

(L'utilizzo del chiaroveggente qui è puramente a titolo dimostrativo, è un esempio per dare una dimensione culturale al gioco: il suo lavoro è quello di leggere la mente, quindi nel caso della donna sarebbe sprecato.)

Per esempio, quando la donna dice a un uomo: «Mi attrai ma non in quel senso...», il chiaroveggente interpreta: «Sei brutto, sfigato e hai l'alito cattivo. Posso uscire con te solo se mi porti in un locale alla moda dove posso mettermi in mostra alla ricerca di uomini tipo Ridge di *Beautiful*».

«In questo momento sto dedicando tutte le mie energie al lavoro.»
(*Perfino una roba noiosa come il mio lavoro è più divertente di te.*)

«Tu per me sei come un fratello.»
(*Mi ricordi il suonatore di banjo subnormale in* Un tranquillo week-end di paura.)

«Purtroppo c'è un po' di differenza d'età...»
(*Ma eri a scuola con mio nonno?*)

«Ora ho troppi casini per la testa.»
(*Non voglio che tu passi la notte da me, se no senti le telefonate degli altri ragazzi con cui mi sto dando da fare.*)

«Sono fidanzata.»
(*Preferisco il mio gatto.*)

«Il fatto è che non voglio avere rapporti con qualcuno sul lavoro.»
(*Non uscirei con te nemmeno se fossimo nello stesso sistema solare.*)

«Tu non c'entri, sono io…»
(*Sei tu, ah! Sei tu…*)

«Voglio essere single.»
(*D'accordo che ho una voglia pazza di mettermi con qualcuno, ma mai mi metterei con uno sfigato come te!*)

«Restiamo amici.»
(*Voglio che tu resti comunque disponibile, così posso raccontarti nei più dolorosi dettagli cosa faccio con gli uomini che mi piacciono davvero.*)

«Per ora non ho intenzione di mettermi con nessuno.»
(*Ho uno fisso che vedo a tua insaputa da almeno tre mesi, sta spesso a dormire da me, non è che sia più bello di te, ma ha una macchina molto più costosa della tua, un 740 molto più alto, e mi porta sempre in posti molto trendy.*)

Anche l'uomo a volte pecca però di chiarezza. Di seguito eccovi alcuni esempi:

«Ora mi sto dedicando solo alla carriera.»
(*Sei brutta.*)

«Non scelgo mai di mettermi con una se ci lavoro insieme.»
(*Sei brutta.*)

«In questo momento ho troppi problemi.»
(*Sei brutta.*)

«Vedi, il fatto è che... sono fidanzato.»
(*Sei molto brutta.*)

«Il problema è che c'è una piccola differenza d'età...»
(*Sei brutta.*)

«C'è attrazione, ma non in quel senso.»
(*Sei molto, ma molto brutta.*)

«Vedi, per me sei come una sorella...»
(*Perché non provi con la chirurgia estetica?*)

«Non è colpa tua, è colpa mia.»
(*Sei brutta.*)

«Ho scelto di essere single.»
(*Sei tremendamente brutta.*)

«Rimaniamo amici.»
(*Sei incredibilmente brutta.*)

«Una come te è troppo speciale. Mi sentirei un verme alla sola idea di poterti prendere in giro.»
(*Una bruttissima è Sharon Stone in confronto a te.*)

Donna neolitica gnè gnè

Piero Quark dice che gli uomini e le donne non comunicavano nemmeno al tempo delle caverne. Mentre l'Omen andava alla ricerca del cibo nella foresta, la donna parcheggiava le sporcizie davanti alla grotta. Sempre di fronte all'ingresso, in bella evidenza e, possibilmente, in seconda fila.

Se le pareti delle caverne del Neolitico potessero parlare ci direbbero molto di più sulle origini della vita di coppia. Il problema è che mentre l'uomo dipingeva la storia sulle pareti della caverna, la donna la lavava con i primi rudimentali detergenti.

Oltre alla passione del parcheggio, infatti c'è da annoverare l'altra grande attività della donna neolitica gnè gnè: quella del «laviamo tutto anche senza ragione».

«Questi sono però atteggiamenti primordiali» dice Piero Quark. «Le esperienze ataviche riaffiorano nel quotidiano attraverso l'inconscio ancestrale. Ogni atteggiamento odierno possiede reminiscenze del nostro remoto vissuto.» (Ammetto che non capivo niente mentre Piero Quark mi diceva queste parole. Lui mi fece notare che le avrei capite subito dopo il matrimonio.)

Tutto questo per arrivare alla conclusione: per ogni azione che fa l'Omen nella vita di tutti i giorni, la donna ne fa una completamente contraria.

Mi sono bastati due anni di matrimonio per capire che l'origine dell'incomprensione fra i sessi si perde nella notte dei tempi: è come una macchia che non si lava, almeno finché la donna non trova il detersivo giusto.

Eccovi le sette illuminanti conclusioni riguardanti il problema della donna neolitica gnè gnè a cui è giunto Piero Quark dopo anni di studi e ricerche in ogni settore della vita, compreso il mondo di internet e le sale Bingo.

L'uomo scoprì i colori e inventò la pittura,
la donna scoprì la pittura e inventò il trucco.

L'uomo scoprì le armi e inventò la caccia,
la donna scoprì la caccia e inventò le pellicce.

L'uomo scoprì l'agricoltura e inventò il cibo,
la donna scoprì il cibo e inventò la dieta.

L'uomo scoprì la parola e inventò la conversazione,
la donna scoprì la conversazione e inventò il pettegolezzo.

L'uomo scoprì l'amicizia e inventò l'amore,
la donna scoprì l'amore e inventò il matrimonio.

L'uomo scoprì la donna e inventò il sesso,
la donna scoprì il sesso e inventò il mal di testa.

L'uomo scoprì il commercio e inventò il denaro,
la donna scoprì il denaro eee... beh, da allora non funziona più niente!

I record della donna

Come dice Piero Quark, la donna è capace di cose incredibili. Uno speciale del marzo del 2002, in onda sull'emittente Omencable (una nota televisione a fibre ottiche), ha reso note alcune delle imprese più inusuali compiute dalle donne in ogni angolo del nostro paese.

Ecco i record più curiosi.

Guida

Il più lungo tragitto in automobile con il freno a mano tirato è stato di 612 km, da Roma a Milano, di Cesira Gnegnè, al volante della sua Panda 30, il 2 marzo 1992.

La proprietaria della vettura ha annusato puzza di bruciato all'altezza di Orvieto, ma ha proseguito spedita fino a destinazione, convinta che il fumo provenisse dalle grigliate tra amici che si tenevano nelle case confinanti con l'autostrada.

Cinema

Il tempo più lungo di una donna che ha guardato un film col marito senza fare qualche domanda stupida sulla trama è stato registrato il 7 novembre 1983, quando Tina Somatizza si è seduta con il marito per vedere il film *Heat - La sfida*, con Al Pacino e Robert De Niro. La signora ha guardato il film in silenzio per ben 1 minuto e 40 secondi, poi ha chiesto: «È il buono o il cattivo quello con gli occhiali?». (Da notare che nel film gli occhiali li portavano tutti e due gli interpreti.)

Con questo tempo ha infranto il suo precedente record stabilito nell'inverno del 1982 quando sedette in silenzio per 2 minuti e 10 secondi durante la proiezione di *Sapore di mare* prima di compiere la fatidica domanda: «È un film in costume, vero?».

Toilette

Il record per il maggior numero di donne entrate contemporaneamente in una toilette è detenuto da Pina Telepass & Co. Insieme a quarantasette colleghe, durante la festa del locale «Balla balla club», è entrata nella toilette alle 23,52 per uscirne, dopo che tutte avevano finito i loro bisogni, ben 2 ore e 45 minuti più tardi.

Parcheggio

Lo spazio più piccolo in cui una donna è riuscita a parcheggiare in retromarcia è di 12,40 metri, equivalente a tre spazi standard di parcheggio. Record stabilito dalla signorina Paola Jeyjey alla guida di una Smart il 12 ottobre 2001. La donna ha iniziato la manovra alle 10 di mattina a Milano, in viale Monza, sotto lo sguardo allibito dei cittadini del quartiere che si erano organizzati in un gioco di scommesse. Dopo circa 6 ore e 15 minuti la suddetta Paola è riuscita a parcheggiare la vettura a 88 centimetri dal marciapiede.

Fra i presenti c'era un giudice, grazie a cui è stato possibile omologare il record. Il giudice ha potuto appurare l'esistenza di ammaccature sul paraurti frontale, su quello posteriore e su quelli delle due macchine vicine, così come su alcuni cestini dell'immondizia.

Parlare

La signorina Adele Fumotanto, una giovane di trent'anni, ha stabilito il record della chiacchiera ininterrotta infrangendo la barriera dei 30 minuti senza mai prendere il respiro. Il record precedente era detenuto da Laura Sarannofamosi con 28 minuti e 47 secondi. L'attuale detentrice del record di 31 minuti e 30 secondi ha parlato entusiasticamente della sua nuova visita nel negozio di abbigliamento Spendotanto. A sostenerla nell'impresa, come diceva lei, è stato il ricordo della mamma che da giovane pare sia riuscita a superare l'ora buona.

Adele Fumotanto, alla fine del suo «delirio da parla parla», è collassata a terra in preda agli spasmi. Trasportata al più vicino pronto soccorso, Adele è rinvenuta per ricominciare a parlare con le infermiere del reparto rianimazione.

Il record è interessante non solo per la durata ma anche per la loquacità raggiunta durante l'esibizione: 550 parole al minuto, con la ripetizione per ben duecento volte delle stesse cose di fronte a un pubblico inebetito.

Grandi saldi

Il più alto numero di donne ferite durante l'apertura di un esercizio pubblico è avvenuto nel negozio «Disco bimba», dove venivano date in omaggio alcune magliette della nota cantante Kilye Mignotte.

Le donne moderne ferite sono state cinquanta. All'apertura delle saracinesche la folla scatenata di donne gnè gnè ha travolto quattordici di loro e altre venticinque all'arrivo ai primi scaffali.

Una rissa iniziata tra cinque giovani frequentatrici del noto pub «Fuma fuma che è bello» per un cd in omaggio con l'acquisto dell'ultimo modello di cellulare «Parloparlo trial band 1000 euro 4 sms gratis» ha dato vita a un'escalation di violenza degenerata in una lotta all'ultimo sangue in cui sono collassate altre undici donne.

L'incasso della giornata è stato devoluto in favore della costruzione di un centro per la rieducazione della donna gnè gnè.

Lingua

Il 22 marzo 2002 Enrica Fumigoni, amica intima di Luisa Timandoilmessaggino, si è presentata a casa di quest'ultima per una visita di cortesia, rivelandole, in stretta confidenza, che aveva una relazione extraconiugale con un ortolano che si spacciava per manager, un *fruit and verdur manager*, possessore di ben cinque telefonini.

Dopo aver lasciato l'amica alle ore 15, Luisa ha iniziato a raccontarlo in stretta confidenza a tutte le donne della zona, facendosi giurare di mantenere il segreto. Alle 15,30 già 150 babbione conoscevano per filo e per segno tutti i particolari. Per le 16,30 il numero era salito a 877 e per le 17, 3000 donne somatizzanti erano al corrente della storia extraconiugale, compreso il Cral, un centro alpini, un paio di circoli ricreativi, e la moglie dell'ortolano stessa.

Quando Enrica Fumigoni è andata a letto facendosi la sua bella pippatina, verso le ore 24, era al corrente del fatto un numero di persone sufficiente a riempire lo stadio di San Siro.

I presomatici (Quando si rideva della donna senza sensi di colpa)

È impensabile che nella lunga storia dell'umanità non ci siano stati uomini veri prima di Omen.

Gli studi ci rivelano che tanto tempo fa, all'epoca dei presomatici, esisteva un mondo dove la donna invece di fumare e ballare, lavava, stirava e apparecchiava la tavola. Con la fondazione dell'Omen Member Center Group, l'Omen recupererà il suo antico ruolo e potrà ritornare a essere libero come i presomatici.

Ma chi erano i presomatici?

Semplice: sono gli Omen prima della somatizzazione e dell'egemomia.

Ripescando nei polverosi trattati di questi antichi padri, liberi pensatori svincolati da ogni schiavitù, ho ritrovato antiche perle di saggezza, frasi, motti, piccole storielle, che ci insegnano che l'uomo è nato libero, e che solo in queste condizioni può raggiungere la felicità.

Fra i presomatici vorrei ricordare con orgoglio uomini come Dapporto, Bramieri, Chiari e altri. Omen che hanno avuto il coraggio, attraverso i loro scritti, di insegnarci il senso dell'Omanesimo.

In questo capitolo sono raccolte le migliori barzellette mai dette contro la strafottenza del mondo gnè gnè.

Omen contro tutti

Un Omen vero entra in un bar per sole donne, si accomoda, ordina un paio di bicchieri, poi rivolto alla cassiera grida: «Cicia, la vuoi sapere l'ultima sulle donne?».

La tipa vicino a lui, con fare accomodante e voce da dura: «Guarda amico, a parte te, qui sono tutte donne, magari non te ne eri accorto; inoltre la cassiera è cintura nera di karate, quella vicino all'entrata è campionessa europea di full contact e le altre due al tavolo in fondo sono olimpioniche di sumo... vuoi ancora raccontare la tua barzelletta?».

E l'Omen: «...mmm no, meglio di no! Non ho voglia di spiegarla cinque volte».

Il parla parla

Una donna modello parla parla muore all'improvviso per motivi sconosciuti. Gli investigatori interrogano l'Omen: «Sua moglie ha detto qualcosa prima di morire?».

E l'Omen: «Veramente non ha mai smesso di parlare in questi ultimi quarant'anni!».

Il parla parla 2

Sembra appurato che l'Omen pronunci in media 5000 parole al giorno, mentre una donna 7000.

Il problema è che l'Omen ha finito le sue 5000 quando rientra dal lavoro, mentre la donna non ha ancora cominciato con le sue 7000!

L'omm l'è l'omm, la dona l'è la dona

L'Omen sulla sua auto si scontra con un'auto guidata da una donna che è passata col rosso. I due strisciano fuori dalle loro macchine sfasciate e l'Omen le dice: «Chi ti ha dato la patente?», e comincia a imprecare le sue mi-mail.

Alla fine però l'Omen si fa intenerire dalla babbiona, e dopo aver constatato che le due macchine sono completamente distrutte ma loro sono illesi dice alla donna: «Questo è un segno del Cielo, diventiamo amici e viviamo insieme in pace per il resto dei nostri giorni...».

La donna risponde: «La mia city car è demolita, ma la bottiglia di vino che era sul sedile posteriore non si è rotta».

«È veramente un miracolo, brindiamo all'Omen e alla donna!»

La donna passa la bottiglia all'Omen, lui la apre, se ne beve praticamente metà e la ripassa a lei…

Ma la donna richiude la bottiglia e gliela rende. L'Omen chiede: «Tu non bevi?».

E la donna, mentre estrae il cellulare, gli dice: «No... io aspetto che arrivi la polizia».

Tecnologia al servizio dell'Omen

L'Omen e la donna stanno viaggiando in autostrada quando lei dice all'Omen: «Sai, tesoro, lo so che siamo sposati da quindici anni, ma ho deciso che è arrivato il momento di divorziare...».

L'Omen non replica e accelera fino a 120 km/h.

La donna insiste: «Sai, sono arrivata a questa decisione perché ho scoperto che ci sono altri Omen più bravi di te a letto...».

L'Omen, sempre impassibile, si porta a 140 km/h.

«Sai caro, vorrei la casa tutta per me.»

160 km/h.

«Inoltre chiederò l'affidamento dei nostri due figli...»

180 km/h.

«Infine i conti correnti e le carte di credito.»

A questo punto l'auto è lanciata a oltre 200 km/h, e all'avvicinarsi di una serie di tornanti la moglie chiede all'Omen: «E tu, non c'è niente che vorresti?».

E Omen: «No grazie! Ho già tutto quello di cui ho bisogno...».

«E cioè?» chiede la donna.

«L'airbag lato guidatore.»

Prima della somatosi

Nel bel mezzo della notte una donna si sveglia e si accorge che il suo Omen non è nel letto accanto a lei. Preoccupata, si alza per controllare dov'è, va in cucina e lo trova seduto al tavolo, con una tazzina di caffè in mano, l'espressione triste e gli occhi pieni di lacrime.

Ansiosa per cosa possa essere successo, gli si avvicina e gli chiede: «Cosa ti succede, caro?».

Omen la guarda e con voce malinconica le dice: «Ti ricordi, cara, venti anni fa, quando ci siamo conosciuti?».

Lei: «Sì, certo!».

Omen: «E ti ricordi il nostro primo fatto igienico sulla mia macchina quella sera?».

Lei: «Sì, certo!».

Omen: «E ti ricordi quando tuo padre ci sorprese, mi puntò il fucile in faccia e mi disse che se non ti avessi sposato mi sarei beccato venti anni di prigione...?».

Lei: «Sì, certo!».

Omen: «Beh... sarei uscito oggi!».

Giocattoli gnè gnè

L'Omen americano sta guidando la macchina e si ricorda che è il compleanno di sua figlia, una ragazzina dodicenne che piange sempre e ha in camera il poster di Leonardo DiCaprio. Insomma, una futura donna gnè gnè. Quindi si rende conto che non può presentarsi a mani vuote.

Corre al primo negozio di giocattoli e chiede al commesso: «Quanto costano le Barbie che stanno in vetrina?».

Il commesso risponde: «Abbiamo la Barbie che va in palestra a 20 dollari, la Barbie che gioca a palla a 20 dollari, quella che fa la spesa a 20 dollari, la Barbie in discoteca a 20 dollari, la Barbie in spiaggia a 20 dollari e infine la Barbie divorziata a 350 dollari!».

«Perché la Barbie divorziata costa 350 dollari, quando le altre ne costano solo 20!?» domanda incuriosito l'Omen americano.

«È normale! La Barbie divorziata la diamo con la macchina, la barca, il cane, il gatto, e la casa di Ken!!!»

MISSIONE: ANDARE IN UN CENTRO COMMERCIALE E COMPRARE UN PAIO DI PANTALONI

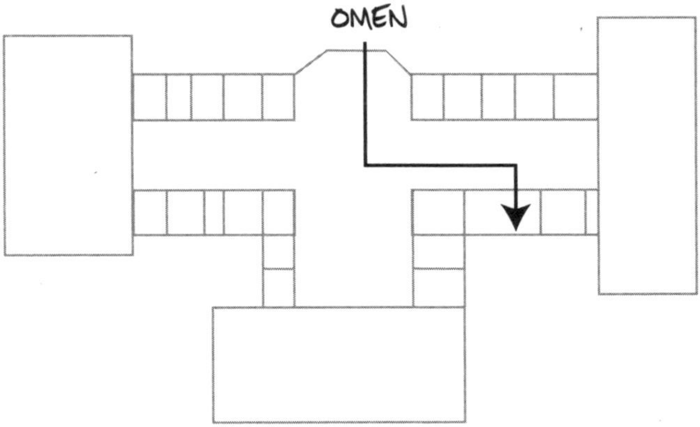

OMEN: 6 minuti; 33 euro.

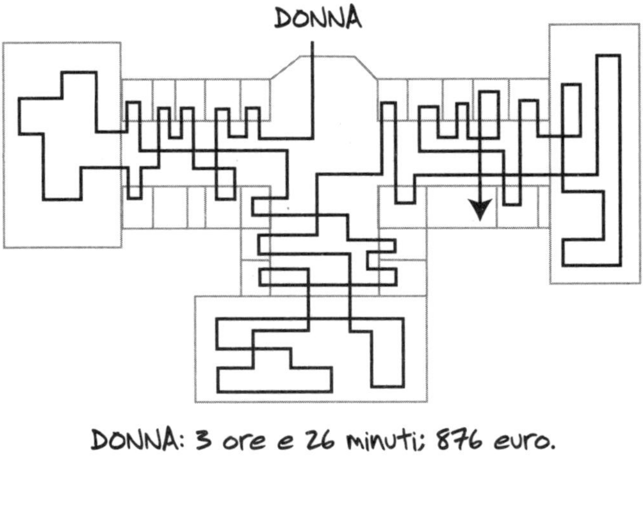

DONNA: 3 ore e 26 minuti; 876 euro.

Voce del verbo gnègnè

Io gnègno con la mia amica
Tu gnègni con la tua amica
Lei gnègna con la sua amica
Noi gnègniamo con le nostre amiche
Voi gnègnate con le vostre amiche
Esse gnègnano con le loro amiche.

Che tempo è?
...è tempo di cercarsi un lavoro di giorno!

(Suggerita da Giordano e Leonardo, piccoli ma già somatizzati.)

La cucina della donna gnè gnè

Torni a casa dal lavoro, sei stanco, hai fame e sul tavolo non c'è nulla, sembra il deserto dei tartari!

«Tesoro, io avrei fame…»

E lei: «Vado in palestra! Sai la linea...».

«Tu pensi alla tua di linea, ma alla mia chi ci pensa?»

«Vado in palestra…» Questo è l'unico dialogo che hai con la donna moderna, e rimani da solo in casa a guardare il frigo come se fosse l'uovo di Pasqua, chiedendoti chissà cosa salterà fuori: i sofficini, i medaglioni, i goloselli, i quattro salti. Alla fine, salta oggi, salta domani, sei sempre più convinto che il tuo rapporto gira intorno al mangia mangia, con la differenza che lei mangia mangia e tu paghi paghi.

Dopo aver passato anni a guardare il frigo per poi trovarci dentro i vari perdo peso, kalo kalo, sempre in linea, sazio sazio, mangio poco, cago tanto… ho elaborato alcune riflessioni sulla vera condizione della cucina e della donna somatizzante.

Prima gli alimenti li vuole lui: «Ti prego, cara, fammi qualcosa di digeribile!».
Poi li invoca lei quando l'idillio s'è frantumato.
Così lei non gli cucina i solidi e gli mangia i liquidi.
A fine mese arriva l'estratto conto bancario che sembra il copione di un film dell'orrore: *Profondo rosso*!

Della cucina della donna moderna gnè gnè si può buttare tutto: esce velocemente dal freezer ed entra velocemente nella pattumiera.

Prima o poi mi telefonerà a casa la Nasa per sapere che effetto fa mangiare un boccone che continua a tornare su, come quando nei moduli lunari c'è l'assenza di gravità.

Il saggio dice: «Mangiare è una cosa umana, digerire è una cosa divina». Soprattutto se ha cucinato mia moglie, aggiungo io.

Conoscete il detto: «Meglio un uovo oggi che una gallina domani»?
A casa mia si è trasformato in «Niente uovo oggi e niente gallina domani».

Io dico: donna moderna, più arrosto e meno fumo.

Le fatiche dell'Omen

Io non capisco cosa deve fare l'Omen moderno per rendere felice la babbiona di una certa età. A sentire lei, la vita dell'Omen dovrebbe essere una missione dedicata alla comprensione dell'universo femminile.

«Mi trovi bella?»

«...Ma se hai ventidue anni per gamba?! Cosa vuoi essere bella!»

«Mi trovi interessante?»

«...Certo, per un archeologo sì!»

«Sono sexy?»

«...Certo, come una carpa nell'acquario!»

L'Omen per la propria donna è chiamato a essere:

Amico, compagno, creativo, dolce, forte, educatore, cuoco, carpentiere, idraulico, simpatico, meccanico, decoratore d'interni, stilista, sessuologo, amante, fratello, padre, maestro, terapeuta, audace, molto pu-

lito, atletico, affettuoso, attento, cavaliere, appassionato, complimentoso, intelligente, ginecologo-ostetrico, psicologo, psichiatra, comprensivo, tollerante, prudente, ambizioso, capace, coraggioso, deciso, affidabile, rispettoso, uno che ama far compere soprattutto le sue, uno che non fa mai problemi, molto ricco, attento solo a lei senza guardare mai le altre.

Nello stesso momento, però, deve stare attento a:

Non essere geloso, ma nemmeno disinteressato, andar d'accordo con la sua famiglia, darle il suo spazio, seguirla nei suoi hobby, comprenderla nelle sue ambizioni e mostrarsi preoccupato per dove va.

È importante non dimenticare le date di:

Anniversario di nozze, fidanzamento, primo incontro, laurea, compleanno, onomastico, maturità ecc.

Non è detto comunque che si raggiunga il successo perché anche l'attenta osservanza di queste semplici regole potrebbe indurre nella babbiona un senso di soffocamento e farla fuggire con il primo Omen che invece la fa divertire portandola con le sue amiche fuma fuma a ballare con la Smart nel caos delle discoteche al suono dell'ultima Jennifer Lopez di turno.

E pensare che ci vuole così poco per far felice un Omen: basterebbe che la babbiona decidesse di andarsene fuori dalle balle fin da subito.

Le otto meraviglie del Dott. Quark (La donna come i continenti)

La donna è come i continenti, parola di Piero Quark. Nella sua interessante puntata dal titolo *La donna, questa sconosciuta*, l'esimio ha ampiamente discusso uno dei problemi che, insieme al buco dell'ozono, affligge il nostro pianeta.

Ora però vediamo cosa intende l'esimio professore quando paragona questo vertebrato ai nostri continenti. Nel mese di aprile del 2002 Piero Quark, dalle colonne della nota rivista «Omen Focus» da lui diretta, è giunto alle seguenti otto verità.

Tra i diciotto e i venti anni la donna è come l'Africa, mezza scoperta e mezza selvaggia.

Tra i venti e i trenta anni è come l'America, completamente scoperta, bella sviluppata e aperta al commercio specialmente con chi possiede carte di credito e macchine, e cose che sbarlusciccano.

Tra i trenta e i trentacinque anni è come l'India, molto calda, rilassata e convinta della sua bellezza.

Tra i trentacinque e i quaranta anni è come la Francia, mezza distrutta durante la guerra ma sempre piacevole da visitare.

Tra i quaranta e i cinquanta anni è come la Jugoslavia, ha perso la guerra ed è afflitta dagli errori passati. Una decisa ricostruzione è necessaria.

Tra i cinquanta e i sessanta anni è come la Russia, molto aperta, tranquilla, con i suoi bordi praticamente non controllati ma il suo clima freddo tiene la gente lontana da lei.

Tra i sessanta e i settanta anni è come l'Inghilterra, con un passato glorioso ma purtroppo senza futuro.

Dopo i settanta anni diventa come certi paesi del Terzo mondo, tutti sanno dove sono ma nessuno ci vuole andare.

Le meraviglie della Dott.ssa Quark

Come ben sapete, l'Omen Member Center Group deve rispondere alle aggressioni del Women Member Center Group, infido gruppo di donne coalizzate che, tra il fuma fuma e inquinatine con la macchina durante lo shopping, trovano anche il tempo di rispondere alle lettere di Piero Quark.

Ecco la risposta della Dott.ssa Quark alla conferenza tenuta da Piero Quark su *La donna come i continenti*:

Tra i quindici e i settanta anni l'uomo è come l'Italia, governato dai coglioni!

La donna bab-bionica

Concludendo questo libro, constatiamo che purtroppo il peggio deve ancora venire. E quando sarà arrivato, ci domanderemo: gli Omen si estingueranno?

Ora siamo sommersi dalla tecnologia e dalla scienza asservita alle sempre più esose richieste della donna gnè gnè, soffocati da telefonini MSM, da lettori MP3, da macchine con l'ABS e lettori DVD.

Già adesso ne abbiamo abbastanza di tutto questo, ma ci chiediamo: la donna riuscirà a stare al passo con il computer?

Io dico: donna, il tuo mouse è il buon vecchio ferro da stiro con i suoi vecchi pulsanti: uno a destra e uno a sinistra. Il tappetino lo porta l'Omen insieme a quelle cento camicie che non gli stira più nessuno, camicie che non hanno più una piega, mentre tu hai preso la piega di non stirare più!

Al riguardo, eccovi un gruppo di mi-mail che contengono definizioni della donna troppo internettiana pervenutemi da alcuni fan di Omen:

Donna SERVER: che purtroppo serve poco.

Donna INTERNET: e cioè donna di difficile accesso.

Donna SCANDISK: si sa che è buona e che vuole solo aiutarti, ma non si capisce cosa stia facendo...

Donna EXCEL: dicono che serva per tante cose, ma si utilizza solo per le solite quattro operazioni.

Donna VIRUS: meglio conosciuta come «moglie». Quando meno te lo aspetti, arriva, si installa e si impossessa di tutte le tue risorse. E se provi a disinstallarla... perdi tutto!

Donna SCREENSAVER: la più richiesta dall'Omen, non serve a niente ma ti fa divertire!

Donna RAM: dimentica tutto quello che fa appena si disconnette.

(Tutte le mogli sono un po' RAM anche se molte sono della tipologia HARD DISK: si ricordano di te e non si dimenticano nulla.)

Donna MOUSE: funziona soltanto se la sbatti un po'.

Donna MICROSOFT: vuole avere il dominio su tutti gli uomini.

Donna PASSWORD: credi di essere l'unico che la conosce ma la conosce mezzo mondo…

Donna MP3: tutti vogliono scaricarla.

Donna MONITOR: ti fa vedere la vita a colori. Rarissima.

Tutte le donne sono comunque del tipo MI-MAIL: ogni dieci cose che ti dicono, otto sono inutili.

Prima lettera di Piero Quark

L'Omen Member Center Group finalmente ha ricevuto il riconoscimento della scienza ufficiale da parte di Piero Quark, il quale ha dimostrato la superiorità cerebrale dell'Omen sulla donna.

In una recente trasmissione televisiva, dal titolo «Incredibile ma vero», a cui partecipava l'ultimo esemplare di donna che cucinava e stirava ancora, il nostro Piero nazionale ha elencato i punti della teoria della naturale condizione della donna.

La donna a causa dei troppi anni passati nei Fitness Center non può più fare i lavori domestici perché appena entra in casa comincia a muoversi in modo frenetico: a sinistra, ancora a sinistra, a destra, a destra ancora, ora giù più giù, ora tutti su su a destra e cinque, sei, sette, e destra e sinistra... insomma per la donna moderna ogni movimento è diventato aerobico.

L'Omen invece possiede un cervello molto più lineare, le sue ambizioni sono circoscritte in un naturale atteggiamento intellettivo (tipo, vedere la sua squadra del cuore vincere lo scudetto e avere in garage l'ultimo modello 530 Touring della Bmw).

Seguono alcune leggi scientifiche, garantite da Piero Quark.

Cosa farebbe l'uomo se non ci fosse la donna?

Molto probabilmente cercherebbe di addomesticare un altro animale!

È appurato che vivere in coppia è impossibile.

Nel primo anno la donna parla e l'uomo la ascolta.

Nel secondo anno la donna parla e l'uomo non l'ascolta più.

Dal terzo anno in poi lei continua a parlare e la ascoltano solo i vicini...

È scientificamente provato che la differenza fra il lavoro e tua moglie consiste nel fatto che il lavoro dopo cinque anni ti eccita ancora!

È appurato che il colore bianco tanto anelato dalla donna nella cerimonia del matrimonio è un desiderio inconscio di fare poi nella vita matura pendant con frigorifero, lavatrice e cucina!

L'arto più lungo di una donna è la scopa!

Le donne, come è risultato da un recente studio anatomico, hanno i piedi più piccoli degli uomini per poter stare più vicine al lavandino quando lavano i piatti…

Seconda lettera di Piero Quark

Il successo della prima lettera di Piero Quark ha indotto l'esimio scienziato a cimentarsi in una seconda, recentemente pubblicata su «Omen Focus», con il seguente quesito: la donna è più nociva di una petroliera affondata nel Mediterraneo?

La semplicità dell'esposizione e la linearità degli argomenti inducono a credere che l'ambito riconoscimento assegnato a Piero Quark nel recente congresso «Omen, svegliati!» sia del tutto meritato.

Vai Piero, l'Omen Member Center Group è con te!

Qui di seguito alcune importanti tematiche trattate da Piero Quark negli ultimi numeri di «Omen Focus»:

Un governo del Sudamerica, per aumentare i diritti delle donne e allo stesso tempo far diminuire la disoccupazione, ha assunto dei muratori per allargare le cucine del paese!

La donna può essere scientificamente definita motore per scopa!

L'attività cerebrale della donna è limitata a quattro neuroni... uno per ogni fornello!
Alla donna moderna però ne basta uno... quello per il forno a microonde!

È stabilito che la donna ride tre volte qualora le si racconti una barzelletta: la prima mentre la racconti, la seconda quando la spieghi e la terza, l'indomani, quando la comprende.

Molto probabilmente, se le mogli fossero una bella cosa, Dio ne avrebbe una.

Se certe volte l'uomo si comporta come uno scemo con la donna lo fa solo per farsi comprendere.

È stabilito che il segreto per un matrimonio felice rimane sempre un mistero.

Uno psicologo fece notare al suo cliente che portava la fede nel dito sbagliato. Il signore si difese dicendo che aveva sposato la donna sbagliata.

Terza lettera di Piero Quark

Nella terza lettera l'esimio scienziato chiude la collaborazione con la nota rivista «Omen Focus», congedandosi dal suo pubblico e lasciando aperta la polemica sull'evoluzione della donna di inizio millennio.

Sono momenti di rara ispirazione quelli che Piero Quark ci regala nel suo ultimo intervento, momenti che ci fanno rimpiangere l'epoca nella quale non esisteva l'*egemomia*. Ma quello che conta è che oggi l'Omen Member Center Group esiste e comincia a farsi sentire.

Se il tuo migliore amico ti ruba la moglie è veramente il tuo migliore amico.

È scientificamente provato che se un uomo non parla con la moglie per più di diciotto mesi o è muto o non vuole interromperla.

Il matrimonio è il coronamento del sogno di un uomo e di una donna, se l'uomo è il padre della sposa...

È appurato che ci sono due modi per discutere con una donna, e nessuno dei due ha mai funzionato.

È in aumento il numero delle donne single per scelta; la scelta è quasi sempre dell'uomo, però!

Se al primo approccio la vostra partner femminile vi pone la classica domanda: «Cosa ti piace più di me? La mia bellezza, la mia profonda intelligenza o la mia sincerità?», per non sbagliarvi, rispondetele: «Il tuo senso dell'umorismo, cara!».

Se una donna sterza in corrispondenza di una curva quasi sempre è una coincidenza.

Se una donna depressa, mentre guida la sua auto, si confida con il suo partner rivelandogli che tutto sembra venirle addosso, probabilmente si trova solo nella corsia sbagliata.

Sulla completezza dell'uomo si è discusso molto in questi ultimi anni. L'unica cosa certa è che un uomo non ancora sposato è incompleto, dopo è finito.

La donna deve cercare di conoscere se stessa, come diceva Socrate, così non ha il tempo di rompere le balle a te.

Nella Bibbia viene rivelato che Dio creò la donna per seconda perché non voleva che durante la creazione dell'uomo ci fosse qualcuno che gli desse delle disposizioni.

La donna obbedisce all'istinto della conservazione. Questo spiega perché certe mogli amino talmente il proprio marito che per non rovinarlo prendono quello delle loro amiche.

Un uomo di Taranto, dopo dieci anni di matrimonio, si è reso conto che la moglie lo aveva sposato per fare dispetto a un uomo. Ci sono voluti altri dieci anni per capire che quell'uomo era lui.

Le menzogne della Dott.ssa Quark

Purtroppo non molti sono a conoscenza che Piero Quark è sposato con una donna, l'esimia Carla Quark, laureata presso l'Università di Padova, specialità psicologia del fuma fuma.

La moglie dell'esimio fa parte del gruppo dirigente dell'odiato Women Member Center Group. E da quando il marito ha abbracciato la causa dell'Omanesimo, si è lanciata in una guerra senza risparmio di colpi contro il noto consorte.

Una delle più infamanti vicende di questa lotta è una famosa lettera pubblicata su «Donna fuma, balla e spendi», la nota rivista somatizzante che vende a poche babbione l'illusione della libertà a colpi di cappuccio, sigarettine e fitness.

Ecco alcune delle più infamanti menzogne e imprecazioni contenute nella rubrica *Fumo, quindi vivo.*

La differenza tra un fidanzato e un marito è solitamente di trenta chili!

Le mogli, alla domanda del marito: «Da uno a dieci, che voto mi daresti come amante?», dovrebbero rispondere: «Lo sai, caro, che non sono brava con le frazioni...».

I rapporti della donna con il mondo animale si limitano a pochi esemplari. Infatti per vivere la donna ha bisogno di quattro animali:

una Jaguar nel garage
una tigre nel letto
un visone sulle spalle
...e un asino che paghi!!!

È difficile fare due settimane di vacanze intelligenti dopo undici mesi e mezzo di convivenza con un cretino.

Gli uomini che non devono chiedere mai... di solito implorano!

Lettera aperta a Omen scritta dal somatizzato Ermanno Galimberti

Eccellentissimo maestro signor Omen,

sono il presidente dell'Omen Member Center Group di Calcinato, provincia di Brescia, prefisso 030 come lei forse ben saprà. Mi chiamo Ermanno Galimberti anche se per gli amici sono «il Galimberti». Il sottoscritto in persona è il socio fondatore del club ed è poi diventato all'unanimità il presidente effettivo in carica permanente. Il club è nato il giorno dopo che ti abbiamo ascoltato e visto a «Zelig» che noi seguiamo sempre con attenzione dato che nella trasmissione si trattano i temi scottanti della vita di oggi che poi sono le donne e il loro mondo malsano.

Siamo un piccolo gruppo di uomini sposati, vittime dei soprusi delle nostre mogli, donne che ci rendono succubi dei loro capricci, e grazie ai tuoi consigli ci siamo riuniti per discutere dei nostri problemi e cercare di rendere la nostra vita più umana, lontana dalle nostre belve casalinghe. Il nostro ritrovo è in piazza al sabato dalle dodici all'una se non piove, altrimenti al bar.

I soldi delle iscrizioni ci servono per comprare in società la «Gazzetta» al lunedì e per comprare il panettone con le uvette e i canditi, che non piace alle donne, e lo spumante a Natale e la colomba tradizionale a Pasqua.

Nel nostro club siamo in tre, per adesso, perché c'è il Mario Benelli detto «Cudiga» che ha fatto domanda al consiglio ma la stiamo vagliando perché non ha ancora versato la quota associativa che è di euro 15,76 ogni anno.

Al momento, oltre a me che sono come dicevo il presidente, è iscritto l'Ambrogio Fedeli che è anche il tesoriere e ritira i soldi delle iscrizioni; il terzo socio è il Sergio Recalcati, detto «Ventola» a causa di un piccolo difetto dell'intestino.

Tanto per farti sapere quanto siamo succubi delle nostre donne, ti faccio il mio esempio. Mia moglie, la Wilma, ha scoperto guardando la televisione del mattino che in casa bisogna vivere secondo una nuova filosofia orientale: occorre arredare la casa in un certo modo ed è necessario dormire in uno stile definito «armonico». Morale del discorso, adesso devo dormire per terra su un materasso imbottito di fieno alto cinque centimetri e ricoperto di tela di sacco. Soffrendo di sciatica e lombalgia, non riesco a coricarmi e tanto meno ad alzarmi, così sono costretto a dormire sul divano in salotto che almeno è un po' più alto anche se durante il giorno è occupato dalla collezione di bambole di porcellana di mia moglie, che tra l'altro mi fanno un po' senso, e non posso fare il sonnellino dopo mangiato o sedermi con le gambe in su, come mi ha consigliato il dottore per via delle vene varicose.

Come se non bastasse, ha tolto tutte le lampadine dai lampadari della casa e adesso illumina le stanze con le candele. Dato che io sono allergico mi ritrovo a girare per casa con una mascherina sul viso che mi ha dato il Sergio carrozziere e in tal modo riesco almeno a non farmi lacrimare gli occhi.

Per concludere in bellezza, è cambiato il modo di mangiare; niente cibi nostrani, come il salame o il formaggio, ma solo cibi particolari come fiocchi d'avena, germi di grano, scorze di frumento, chicchi di mais, polvere di soia che, oltre a fare la gioia del negozio di alimenti per animali, mi fanno trascorrere buona parte della giornata in bagno, dal momento che soffro di colite spastica al colon e aerofagia. Un bel giorno ho preso il coraggio a due mani e ho detto alla Wilma, ma sempre con le buone maniere, che se seguiva tutte quelle cose salutari doveva anche lavarsi la faccia col sapone normale anziché spalmarsi quella miriade di creme da mattino, da giorno e da notte. Non lo avessi mai fatto. La Wilma mi ha detto che non capisco niente e che certe cose non possono essere comprese dalla mia scarsa intelligenza. Sarà che non capisco niente delle donne, ma perché io devo stare in casa con le pattine ai piedi e lei invece con le babbucce di lana d'angora? E perché io che guadagno 720 euro in busta devo comperare per lei, perché a me fa venire la colite, il latte selezionato di capra selezionata dell'altopiano selezionato di denominazione DOPGT che costa 20 euro al litro?

La stessa cosa è successa al «Cudiga», cioè il Benelli. Sua moglie seguiva la new age, il feng shui, lo yin e lo yang e l'Ayurveda: credeva nello spirito libero e negli angeli reincarnati, dormiva rivolta verso il sole dell'alba e distesa su un tappeto di petali di gardenia, accettava la contrapposizione degli eventi e si alimentava con i frutti della terra curandosi con i minerali e i colori degli elementi. Ma da quando hanno messo il marito in cassa integrazione, impreca come un cavallo, ha gli incubi tutte le notti, maledice tutti i giorni del calendario, mangia solo patatine fritte e ingoia quintali di Tavor.

Sperando nella rivincita degli uomini, ti saluto caramente.

Ermanno Galimberti

(Scritta da Gianluca Beretta, detto Felipe)

Appendice
Gli Omen son tutti uguali

Serpeggia da un po' di tempo tra le file di «Zelig» una certa sorta di Omanesimo, ed è esattamente quella tipica condivisione di opinioni che solo tra Omen è possibile.

Hai mai visto una donna decidersi su quale film vedere?

Mentre gli uomini vanno spediti al succo, la donna ama ritornare sulle proprie idee fino allo sfiancamento dell'Omen, che distrutto decide di andare a vedere con lei l'ultimo film d'amore, recitato da attrici **gnè gnè**, e diretto dall'ultima regista babbiona di turno.

Per l'Omen, no! Le idee sono sempre quelle, e spesso è in sintonia con i suoi simili, lo scoprirete leggendo queste battute che dimostrano come anche i protagonisti di «Zelig» in fatto di **somatizzazione** siano tutti d'accordo.

L'Omen Member Center Group, sezione «Zelig Circus», ringrazia tutti ed è lieto di esistere!

Sapete perché le donne vanno sempre in bagno assieme? Per paura di cadere nella tazza. Si siedono in due, così si tengono.

Claudio Bisio

Ho chiesto una battuta sulle donne ad Ale & Franz, e mi hanno detto: «...OP... FLALALAI!».

Ale & Franz

Mia moglie mi ha lasciato un biglietto: «Chi rompe paga e i cocci sono suoi». Ma io cosa me ne faccio dei suoi denti?

Claudio Batta - «Capocenere»

Io faccio l'amore con il preservativo, è importante! Anche se avrei preferito farlo con una donna.

Giancarlo Bozzo

Attentato! Si tratta di attentato: nove uomini su dieci sognano di essere violentati da una ninfomane in ascensore, il decimo si chiede per quale motivo la moglie, per fare due piani in ascensore, ci mette tre quarti d'ora!

Beppe Braida

Le donne sono come la salciccia: pelle fuori e maiale dentro.

Paolo Cevoli, alias «Teddi Casadey»

Da quando mia moglie ha preso la patente, hanno cominciato a circolare a targhe alterne: un giorno circola lei e un giorno tutti gli altri.

Gabriele Cirilli

Per Marco Della Noce non ci sono donne, c'è solo la Stuzziker, lei ha curve in certi posti dove le altre non hanno neanche i posti.

Marco Della Noce

Ho chiesto una battuta a James Tont e mi ha risposto: «Scusa, ma non ho tempo, devo uscire con Sharon Stont...».

Fabrizio Fontana - «James Tont»

Gino & Michele ricordano che la migliore battuta sulla donna appartiene a Maurizio Milani: «La donna quando non capisce si innamora».

Gino & Michele

Ho chiesto una battuta a Letutine e mi hanno detto: «Scusaci, ma stiamo provando un balletto».

Letutine

Se Dante Alighieri si fosse sposato con Beatrice avrebbe scritto solo l'Inferno, ma per tre volte: l'Inferno, l'Inferno, l'Inferno.

Leonardo Manera

Dietro a un grande uomo c'è sempre una grande donna, ma se la grande donna sta dietro vuol dire che non ha capito bene dove deve stare!

Flavio Oreglio

Nucleo: «Fratello, non riesco a trovarmi una donna...».

Capsula: «È chiaro, figlio del tempo perso. Ogni volta che esci con una tipa la cosa più carina che le dici è: pezzo di pasticcino, ti va se ce ne andiamo di là e ci sminchiamo a legnate?».

Pali & Dispari

Io e la mia ragazza ci siamo lasciati per una banalità: lei non voleva mai fare l'amore in tre, per cui ogni volta che usciva mi lasciava a casa.

Diego Parassole

Se le donne, anziché consigli, si scambiassero ricette... sai quanti matrimoni si salverebbero!

Alberto Patrucco

Un giorno davanti alla tv la mia ragazza mi ha detto: «Ti prego, non cambiare mai...». Adesso è da più di tre anni che vedo solo Retequattro!

Max Pisu - «Tarcisio»

Pozzoli e De Angelis non li ho disturbati perché erano intenti a disputare il campionato del mondo di comicità. Eccovi un breve stralcio:

De Angelis a Pozzoli: «Io la sua fidanzata la chiamo *antitetanica* perché è obbligatorio farsela».
Pozzoli a De Angelis: «Io la sua la chiamo *tenda* perché l'ho montata in campeggio».

Pozzoli e De Angelis

Ho chiesto a Nicola Savino una battuta contro le donne e mi ha detto: «Ma bbaffanculo, tu e le donne!...».

Nicola Savino

L'unico investimento che raddoppia sicuro in dieci anni è la moglie.

Sergio Sgrilli

Purtroppo sappiamo che una piccola schiera di donne, ed esattamente le donne del Women Member Center Group, sezione «Zelig Circus», hanno deciso di alzare la loro voce a favore dell'egemomizzazione dell'Omen. Ascoltiamole, tenendole ben distanti dagli Omen di «Zelig», e tenendo ben presente che in fondo sono solo quattro babbione.

Sai perché quest'anno «Zelig» l'hanno fatto al circo? Perché per capire Bisio bisogna fare i salti mortali.

Michelle Hunziker

Caro, anghe se ce l'ai lunco, ma non mi arrivi al cuore...

Anna Maria Barbera - «Sconsolata»

A tutti i mariti dico che buttare la pattumiera, non provoca né l'impotenza né l'orchite.

Angela Finocchiaro

L'uomo è silenzioso e di poche parole: tre indispensabili per farsi capire: acqua, pappa e gnocca.

Simona Guarino - «Gaia»

La canzone dell'omen

Marcia

Musica
Micò - Cremona

Perché si omen di veri omen,
perché si omen di omen verament
perché si omen di omen verament.

«E la donna? Fuma fuma!»
di Raul Cremona e Marco Del Conte
Collezione Biblioteca Umoristica Mondadori

Arnoldo Mondadori Editore

Finito di stampare nel mese di aprile 2003
presso Mondadori Printing S.p.A.
Stabilimento N.S.M. di Cles (TN)

Stampato in Italia - Printed in Italy